Raymond
Depardon

Afrique(s)

Éditions Points

C'est à l'initiative de la Fondation de France que nous avons réalisé le film *Afriques : comment ça va avec la douleur ?*.
« L'artiste face à un fait de société » était l'objet de leur demande, avec pour seule condition d'être libre de sa création. C'est pour rester maître de notre outil de production que Claudine Nougaret et moi avons créé en 1992 la société Palmeraie et désert, dédiée à ce film.
Pendant deux ans, j'ai parcouru seul l'Afrique du Cap de Bonne Espérance à la ferme du Garet, équipé d'une caméra 16 mm et d'un bon micro.
Entre deux voyages, je visionnais les images sur la table de montage que j'avais bricolée dans notre appartement.
Je relisais mes notes que l'on enregistait tous les deux dans la nuit pendant que nos enfants dormaient.
Cette édition présente un nouveau choix de photographies accompagné du texte original. Il y a toujours de jeunes volontaires pour partir aider les Africains.
Des guerres civiles sont toujours là à déchirer la plupart des pays.
Les génocideurs du Rwanda sont devenus des génocidaires en langue française.
Le sida a continué de ravager particulièrement l'Afrique de l'Est et je pense toujours que nous avons un devoir d'intervention pour aider les Africains à trouver les solutions.

Raymond Depardon
Paris, 2010.

Ici, au cap de Bonne-Espérance, au bout du continent africain. Je commence un voyage, ce n'est pas un *road movie*, ce n'est pas un travail d'investigation journalistique, je vais tenter de regarder, écouter les douleurs ordinaires en Afrique.
Voyage subjectif, forcément, à travers mes envies, mais aussi mes peurs.
Rassurez-vous, je ne chercherai pas à vous accabler, j'espère que je ne photographierai pas toujours les mêmes choses.
Je ne connais pas mes escales, je préfère improviser, me laisser entraîner, je ne sais pas d'avance quelles seront mes rencontres. En Afrique, je trouve que les populations, du Sud au Nord, ont un point en commun, c'est leur pudeur face à leurs difficultés.
C'est un exemple qu'elles nous donnent tous les jours.
Pour certains Africains qui connaissent la langue française, je sais que le mot « douleur » est utilisé comme une salutation pour s'assurer de notre bien-être pendant notre séjour en Afrique : « Comment ça va avec la douleur ? », comme un simple bonjour…
Pudeur à parler des grandes douleurs.
Il y a toutes sortes de douleurs. Y a-t-il des grandes et des petites douleurs ? Il y a surtout celle de la misère des vivants.
Peut-être que l'on peut le dire, que c'est plus qu'une émotion, plus qu'une sensation.
La douleur en tant que « réaction de défense », « heureux avertissement », « délicate attention », comme nous l'expliquent nos médecins, est loin des préoccupations des Africains.
S'il n'existe pas vraiment de mémoire de la douleur, si la douleur est étrangère à la pensée, elle reste toujours entre silence et cris.

Je suis seul avec ma caméra et mon trépied d'amateur,
je suis face à la mer, sur la plus haute butte de sable
que j'ai trouvée.
Je ne suis pas très à l'aise, il y a beaucoup de vent,
c'est l'hiver, une fin de journée du mois de juillet,
je profite de la lumière et j'improvise mon premier plan.

Sur une île à quelques kilomètres au large,
un homme vient de passer plus de vingt ans enfermé
dans une cellule.
Cet homme s'appelle Nelson Mandela.
Aujourd'hui loin de l'actualité, il doit toujours faire face
à des conflits sociaux et aux inégalités raciales de son
pays, bien que l'apartheid soit aboli.
J'ai eu la chance de le rencontrer, juste avant qu'il ne
devienne le premier président noir de l'Afrique du Sud.
Impressionné par l'homme, je n'ai pas voulu le faire
parler, je lui ai juste demandé une minute de silence.

Viva Chris Hani
JOHNNY CLEGG
NEW ALBUM OUT NOW!

Johannesburg, « Igoli » la Cité de l'or.
C'est le plus grand champ d'or du monde.
Deux cent cinquante mille personnes y travaillent.
La ville n'a que cent ans d'existence et se trouve sur un plateau sans eau à mille huit cent mètres d'altitude…
Mélange de moderne et d'années cinquante.
Elle pourrait ressembler à une ville américaine vue de l'extérieur.
C'est pourtant devenu la ville plus dangereuse du monde.
Pas de statistique.
Ville frontière.
Ville blanche il y a quelques années.
Ville d'affaires.
Ville à majorité noire aujourd'hui.
Ville de l'espoir de l'Afrique du Sud car il faut que les Blancs et les Noirs travaillent ensemble.
Seul moment, à l'heure du « lunch », les rues deviennent un peu mélangées.
Mais très rapidement, ce sont les Blancs les plus mal à l'aise.
Les chômeurs sont là, ils attendent, ils portent un regard sur vous.
Il n'est pas conseillé de marcher à pied dans la ville, à 17 heures, elle se vide, elle est abandonnée.
Les Blancs remontent sur le Nord dans leurs quartiers avec centres commerciaux, villas et piscines…
Chaque maison est protégée, tout est clôturé de partout dans la ville.
À 10 heures le soir, les Blancs dans leurs voitures passent au feu rouge. Paranoïa des Européens sans doute…
En attendant, certains Blancs continuent à s'organiser en autodéfense.
Ils sont prêts à une guerre… ?
Les armes arrivent dans les Townships autour de Johannesburg :
Sebokene, Thokosa où peu de Blancs se risquent.
Les AK47 russes arrivent du Mozambique à des prix dérisoires.
Certains attendent. D'autres s'en servent tout de suite :

criminalité, règlements politiques, tout se mélange.
En attendant, les journaux sont pleins de morts tous les jours.
Hier, il y avait deux gares à Johannesburg.
Aujourd'hui, il n'y en a plus qu'une.
Mais les arrivées des trains de Pretoria et de Soweto ne sont pas les mêmes… Il y a un portique anti-armes pour les Noirs…
Par contre, à l'Armée du Salut, égalité dans la queue pour espérer avoir un lit…
Blancs et Noirs se mélangent, ils sont aussi pauvres les uns que les autres.
Soweto, le plus grand Township de Johannesburg, trois millions d'habitants.
Terrible machine de l'apartheid que des scientifiques fous avaient inventée, organisée, planifiée.
Pour que la population noire vive le plus loin possible de la ville blanche.
Ce n'est pas un bidonville !
c'est pire que ça,
c'est un camp d'isolement, de ségrégation…
Une ville dortoir pour Africains, il n'y a pas de cinéma, pas d'école, pas de grand magasin.
Il n'y a pas d'électricité,
les gens se chauffent à la paraffine ou au charbon.

Les mots me manquent pour parler de cette horreur.
Une impression de malaise me gagne depuis mon arrivée ici,
je n'ose pas prononcer les noms des lieux que je connais déjà,
que j'ai déjà filmés, photographiés, *Auschwitz, Birkenau, San Clemente.*
Il y a cette lumière d'hiver… Ce sont ces visages,
de ces gens pauvres, mal habillés, tristes, qui portent en eux une douleur très profonde.
Hier en colère contre l'injustice. Aujourd'hui en convalescence…
Beaucoup n'ont pas de travail…

Il y a, paraît-il, cinquante morts par semaine, meurtres, agressions, luttes fratricides entre partisans de l'Inkata et de l'ANC…
Je vois seulement qu'il n'y a pas d'enfants qui rient, qui courent après le cameraman, que le cameraman que je suis est toujours accompagné d'un Blanc ou d'un Noir, complices de ces images que vous voyez.

Maintenant, tout est violence.
Rien n'est violence. Puisque tout est injuste depuis si longtemps.
Tout le monde a peur. Entre Noirs, entre Noirs et Blancs.
Ils sont tellement nombreux, démunis, affamés, meurtris, enragés.
Depuis la fin de l'apartheid ils envahissent tout doucement la ville blanche de Johannesburg, ils osent, ils quittent leurs réserves et pourtant ils continuent à vivre dans la peur et la ségrégation…

Le Karoo, terre promise.
Berceau de la pénétration blanche en Afrique et de sa longue histoire…
Vaste terre aride et oubliée.
Je roule au hasard, à la rencontre d'une ferme.
La solitude, l'éloignement, ce désert de cailloux ont forgé avec le temps une minorité blanche repliée sur elle-même,
comprimée dans son enclos.
C'est une autre planète…
Loin des cinq millions d'Afrikaners du reste de l'Afrique du Sud, encore plus loin des trente millions de Noirs.
Ce sont de vrais paysans… sauvages… croyants… n'élevant que des moutons et des autruches pour les œufs, entourés de métisses…
Je vais rencontrer M. et Mme Van der Merwe au Moenarr, près de Williston, petite ferme de deux mille hectares. Le générateur est en panne, ou plutôt ils n'ont plus d'argent pour acheter du pétrole.
Ils se chauffent et s'éclairent à la paraffine,
moins chère que l'électricité et le gaz.
Pauvres, ils resteront pauvres.
Blancs, ils resteront ici.
Ils mourront dans leur ferme, peu importent les grands événements qui vont se produire à partir de maintenant en Afrique du Sud…
Leur voisin Oakie s'en sortira mieux, lui… !
Ils parlent de sécheresse.
Malgré le vent, l'éolienne ne peut plus tirer d'eau.
Je serai sauvé par mon mauvais anglais,
détestant parler cette langue…
Après la méfiance du début, ils m'ont finalement reçu comme des paysans des Causses…
Discussion ordinaire, un jour de vent et d'hiver…
au Karoo.

Nous sommes dans le Sud de l'Angola à la frontière de la Namibie, ici c'est l'hiver, ou plutôt la saison sèche.
Je me devais de visiter ce désert habité par d'étranges nomades appelés les Mo Kuvale.
Moins connus que les Buchmen, leurs voisins, ils vivent de part et d'autre de la rivière Kunêne qui sépare l'Angola de la Namibie.
J'oublie toujours ces déserts du Sud de l'Afrique que les guerres civiles nous avaient interdits.
Je trouve très peu de renseignements sur les Mo Kuvale, je sais seulement qu'ils sont de vrais nomades, que la saison des pluies est brève et que les animaux sauvages, contrairement au Nord de l'Afrique, sont encore très présents ici.
Nous ne sommes pas très loin des fameux parcs de l'Okavango et d'Etosha.
Zébus, lions, antilopes, impalas, léopards, éléphants partagent les mêmes points d'eau que les Mo Kuvale, un grand nombre de rhinocéros et d'éléphants ont été abattus pour payer l'effort de guerre des rebelles de l'Unita.
Pendant l'hiver austral, la saison sèche, ils sont très mobiles, ils ne restent que quelques jours au même endroit.
Aujourd'hui, je suis accompagné d'un Portugais qui parle le mo kuvale et travaille pour le Programme alimentaire mondial.
Notre véhicule porte l'inscription du PAM.
Une femme mo kuvale va prendre à partie mon guide, lui reprochant le détournement des aides par le responsable politique du secteur.
Témoin sans parole, je ne vois et n'entends que les gestes de ces nomades en colère et leur défiance envers l'homme blanc.
Je suis un peu désarmé de ne pouvoir échanger un petit quelque chose avec cette population si distante que j'aimerais mieux connaître.

Malange : la gare, plus aucun train ne passe.
La ville de Malange est encerclée, isolée en milieu hostile, incapable de survivre sans un ravitaillement aérien aléatoire.
Oubliée du monde…
L'Angola est saigné, ravagé par vingt ans de guerre civile…
Une personne sur trois est déplacée dans son propre pays.
Quand je fais ces images, il y a plus de mille morts par jour, conséquences directes ou indirectes du conflit, l'un des plus sanglants du continent africain.
Luanda, la capitale, n'a plus d'électricité, plus d'eau courante…
L'Angola survit grâce à l'aide alimentaire internationale.
J'ai photographié des files d'attente de déplacés, des hôpitaux vétustes pleins de blessés en tous genres… victimes des bombardements et des champs minés.
Mais, en fait, je ne sais pas quoi photographier.
Je ne sais pas quoi regarder.
La guerre est invisible… les victimes trop nombreuses…
Il y a la misère partout.
Je pourrais vous dire que c'est la première fois que je viens en Angola…
Vous parler de la lumière qui est très belle, vous dire que les gens sont gentils et que le pays est magnifique…
Ce serait un peu déplacé…
Je peux vous parler d'une chose dont j'ai peur, une chose terrible… lâche et hypocrite, qui fait des morts et des blessés tous les jours… les mines… On parle de dix millions, peut-être plus… L'Angola arrive en tête dans le monde, avec l'Afghanistan et le Cambodge, suivis de près par le Mozambique. Triste palmarès…
L'Afrique compte paraît-il trente millions de mines de tous genres…

Cadeaux des marchands d'armes avec la bénédiction
de leur gouvernement, après un beau contrat...
Fabriquées dans les pays de l'Est et aussi en Occident.
Aucun pays n'est clair là-dessus...
Il n'y a pas de guerre propre...
Mais ceux qui veulent qu'on arrête de fabriquer et de
vendre ces mines en Afrique pourront-ils être entendus ?
Des avions sud-africains, russes, acheminent des vivres
sur les villes assiégées des deux côtés... Un tir de
roquette peut arrêter à tout instant le pont aérien !
Aujourd'hui, je suis à Malange. Hier, j'étais dans les
tropiques moites et tristes de Luena à photographier
des enfants qui pleuraient entassés dans des centres
de secours...

Le plus grand des privilèges pour un enfant angolais c'est
de devenir adulte... ! Il y a quatorze millions d'enfants
dans le monde qui meurent de faim chaque année...
L'Afrique doit sans doute être en tête de ces tristes chiffres...
Cent millions sont condamnés à mort avant l'an 2000.
Mais à quoi bon citer des chiffres... ?
Ni vraiment tristes ni catastrophistes, ces images nous
apportent un peu de compréhension dans le huis clos
de la guerre désastreuse où la sécurité n'est garantie
nulle part, où seules les armes font la loi...
Aujourd'hui il y a un cessez-le-feu. Peut-être la paix,
au bout de vingt ans d'indifférence des grandes
nations... Mais je me trompe, c'est le contraire.
Ce sont bien des blocs politiques internationaux qui ont
alimenté cette guerre, dépassés par l'ampleur.
L'Angola est riche, de pétrole, de café, de diamants...
et ce sont justement ces matières premières qui paient
les vingt millions de dollars nécessaires pour faire la
guerre...
José Eduardo Dos Santos, président de l'Angola, et Jonas
Savimbi, chef de l'Unita, viennent de se serrer la main... !
Espérons qu'après tant de morts et de douleur...
il puisse y avoir un peu de paix en Angola !

LUTA-DAS-CRIANÇAS-NÃO-ENTRA

Nous sommes au Rwanda au mois de mars…
je filme des réfugiés venant du Burundi.
J'imagine que ces réfugiés sont des Hutus, je n'ose pas poser la question…
Avant de venir ici, dans cette Afrique des Grands Lacs, j'avais beaucoup de mal à comprendre cet affrontement entre les Tutsis et les Hutus.
En fait ils ont toujours vécu ensemble, ils ont la même langue, leur territoire est commun, c'est la même culture.
À l'arrivée des premiers Européens, ces régions se caractérisaient par une occupation extrêmement dense du territoire, des monarchies brillantes, des activités artistiques très élaborées.
Mais à l'époque du colonialisme triomphant basé sur un racisme sans complexe, l'on s'est refusé de voir l'œuvre des Noirs dans ces civilisations.
Les ethnologues, les linguistes et les anthropologues, d'abord allemands puis belges, ont été appelés à la rescousse, car la réalité ne s'accordait pas aux théories.
La manie des classements et des étiquetages, héritée des sciences naturelles du XVIIIe siècle, y trouva sa satisfaction.
L'ethnologie a ainsi commis des torts irréparables, d'abord divisant, puis figeant les relations autrement plus complexes entre les Tutsis et les Hutus.
Toujours prêt à diviser pour régner, le pouvoir colonial a entériné ces théories avec la caution des scientifiques.
On pourrait faire des Tutsis une race à part, descendants des Hamites, anciennement venus du Nord.
C'est le mythe des Européens à peau noire supérieurs aux Hutus venus du Sud.
Sans cesse, depuis plus de trente ans, les débats sur la question dite ethnique cachent en fait des luttes de pouvoir.

Dans les années cinquante, un certain nombre
de Rwandais lettrés ont repris à leur compte
ces catégories raciales imposées.
Alors qu'il est faux de dire que l'appartenance ethnique
est le seul facteur d'identité déterminant des Africains.
Un individu se définit tout autant par la religion,
la classe sociale, le lieu de résidence, la nationalité,
l'âge et le sexe. C'est une identité toujours riche,
complexe mais logique, c'est par paresse qu'on continue
à la réduire à l'ethnie.
La grille ethnique est une fausse science chargée
de darwinisme social, que bien des États africains
reprennent malheureusement à leur compte
à des fins autoritaires.
En Afrique comme dans le reste du monde,
il y a des partis, des conflits d'intérêts,
des gouvernements populistes et technocrates.

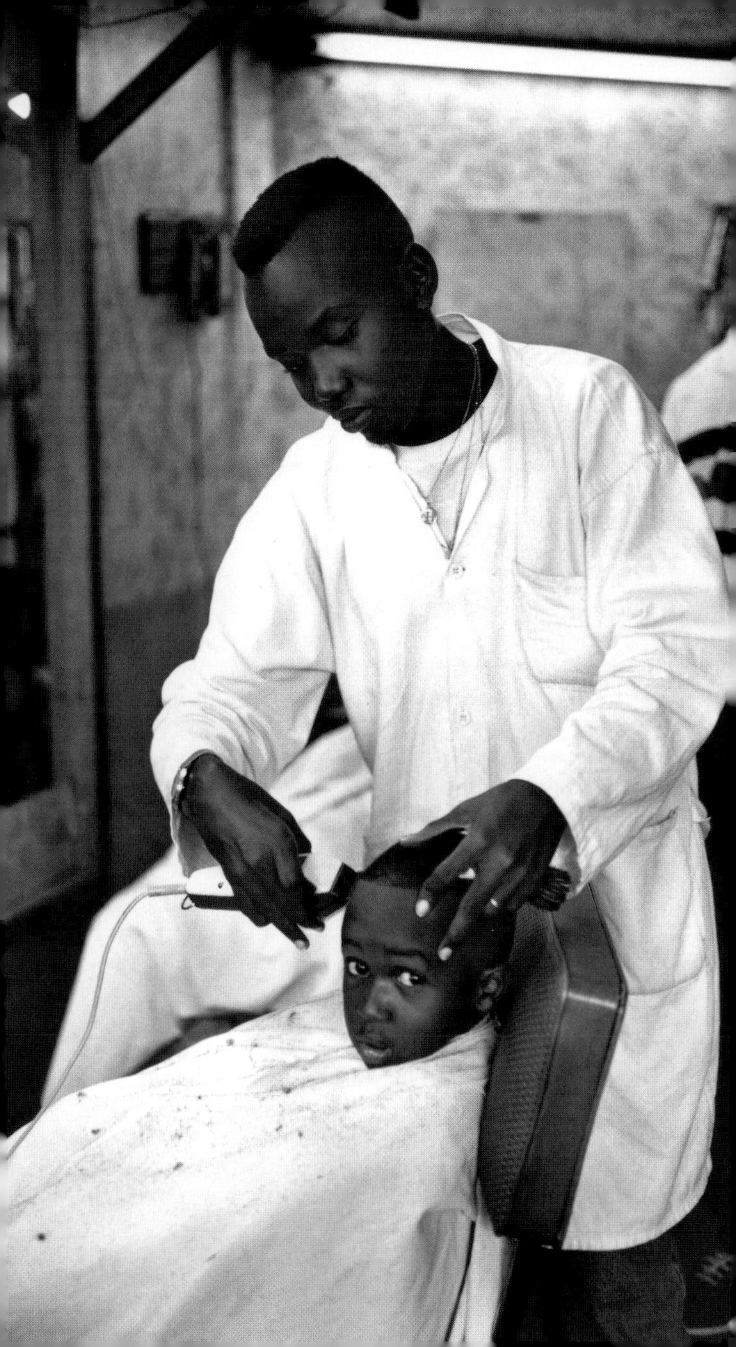

Béatrice va mourir.
Tout le monde le sait.
J'accompagne une sœur religieuse de Caritas qui visite les malades du sida à domicile dans les quartiers pauvres, elle prend en charge les orphelins des familles décimées par la maladie.
Ici, le mot sida n'existe pas, il n'est jamais prononcé… On dit diarrhée, fièvre, amaigrissement : les symptômes de la maladie. Hier, j'ai visité clandestinement, grâce à un père blanc, l'hôpital de Kigali.
J'étais vraiment très mal à l'aise à l'idée de filmer des malades, la plupart à deux par lit, dans des grandes salles encombrées. Il y avait ces regards, j'ai eu peur de me sentir voyeur et que cette photographie n'apporte rien à la sacro-sainte information, ni à la compassion universelle et encore moins à la solidarité toute simple.
Les premiers cas de sida au Rwanda ont été diagnostiqués en 1983.
Les organisations internationales, l'OMS en particulier, ont sous-estimé ce diagnostic. Les pays africains ont tout fait pour dissimuler la maladie, ce qui n'a rien arrangé.
Quand les premiers cas survinrent aux États-Unis et en Europe, il y avait longtemps que le virus VIH sévissait en Afrique dans la clandestinité, la méconnaissance et l'indifférence. Peu à peu l'importance de la pandémie s'imposa.
À l'heure actuelle, il y a douze millions d'adultes infectés de par le monde, dont sept millions et demi dans l'Afrique subsaharienne. Les femmes sont plus nombreuses et ce sont elles les plus infectées.
À Kigali, la séroprévalence sur les femmes enceintes est de 25 %. C'est-à-dire que pendant l'accouchement ou l'allaitement un enfant sur quatre risque d'être contaminé. Elle est même de 88 % pour les prostituées de Kigali. Mais le plus grave, c'est que ces chiffres ne cessent d'augmenter et que la probabilité d'infection pour une femme lors d'un rapport sexuel est deux fois plus importante que pour un homme.

Pourquoi le sida sévit-il plus en Afrique qu'ailleurs ?
On a longtemps cru connaître la réponse : la malnutrition !
Cette vérité admise a été battue en brèche depuis.
Elle dépend des comportements démographiques, sociaux et psychologiques, comme disent les spécialistes.
C'est-à-dire du comportement dans la vie des Africains, surtout dans les villes.
Le sida en Afrique va subir une forte expansion dans les prochaines décennies. On le sait…
tout le monde le sait… et la grande majorité de ces personnes sont pauvres. Ce qui entraîne une crise majeure dans le développement. Des pays d'Afrique risquent-ils réellement d'être rayés de la carte, comme certains l'ont parfois affirmé ?
Ou bien l'épidémie va-t-elle se résorber d'elle-même, comme jadis la peste ?
Sans vouloir faire du paternalisme ou de la morale, il ne faut pas céder aux excès des discours catastrophistes. On sait que le changement des mentalités va être long. Mais les Africains sont capables de réagir.
La vente du fameux préservatif « prudence » augmente.
Les Africains savent qu'il n'y a pas de funeste destin…

Nous sommes plus au nord, en Éthiopie, à Lalibela… !
J'ai la chance de pouvoir visiter les églises troglodytes taillées d'un seul bloc dans la pierre.
Elles symbolisent le réveil de la foi chrétienne au Moyen Âge à l'époque du roi Lalibela.
Ces églises sont à flanc de collines dans cette Éthiopie qui fut, pour nous Européens, très longtemps la terre mystique, « la terre des dieux », comme disaient les Égyptiens, une sorte de centre du monde, « la matrice de l'humanité ».
Les Grecs, à leur tour, virent l'Éthiopie comme le pays où les dieux commencèrent avec les hommes.
Il est 7 heures du matin, le soleil s'est levé, il est déjà fort, les pèlerins viennent faire leurs premières prières…
J'ai l'impression d'être projeté dans le temps…
dans un temps très lointain, biblique et religieux. Seul avec ma petite caméra, je m'installe au hasard, personne ne me demande rien…
Un groupe de musiciens joue à l'intérieur de l'église…
Je suis venu la première fois en Éthiopie il y a trente ans, jeune photographe… J'étais chargé de suivre la reine Élisabeth d'Angleterre en visite officielle chez le Négus, le roi des rois, Hailé Sélassié, le dernier empereur d'Éthiopie, qui se réclamait d'une illustre ascendance, celle du roi Salomon et celle de la reine de Saba. Nous avions visité les anciennes capitales d'un immense royaume dont l'histoire remonte à plus de trois mille ans… Aksoum… Gondar…
Sur ces plateaux, il y avait des centaines de cavaliers venus voir la reine Élisabeth… Je me souviens, au bord du lac Tana, j'étais le seul photographe français.
J'avais vingt-deux ans et nous étions si près de la reine et du Négus que j'entendais toute leur conversation.
Hailé Sélassié avait été élevé par les jésuites et il parlait couramment le français.

The Royal Family
H.R.H. PRINCESS ANNE
H.R.H. PRINCE ANDREW
HER MAJESTY QUEEN ELIZABETH II
H.R.H. PRINCE PHILIP
H.R.H. PRINCE CHARLES

La seconde fois que je vins en Éthiopie, c'était avec Georges Pompidou… un an avant sa mort, c'était aussi une visite officielle… Nous étions restés à Addis-Abeba. La dernière fois, je suis venu, il y a dix ans, par le fameux train de Djibouti à Addis-Abeba, je tournais un film romancé : *Empty Quarter, une femme en Afrique* avec Franssou Prenant.
Nous avons tourné près des chutes du Nil Bleu, le fameux « Mercato », le plus grand marché d'Afrique, ainsi que le bal du mercredi au buffet de la gare d'Addis-Abeba où toute la colonie italienne se réunissait chaque semaine pour danser le tango et le paso doble.

Winst

Si le hasard a voulu que je vienne dans ce pays tous les dix ans depuis trente ans, jamais je n'avais pu visiter ces églises de Lalibela isolées au milieu des plateaux. Elles sont restées assez longtemps inaccessibles à cause des événements politiques qui ont déchiré ce pays.

À Addis-Abeba, j'ai trouvé une voiture et un chauffeur éthiopien parlant un peu l'italien. Nous sommes partis sans préparation sur la route historique qui relie Addis-Abeba à Aksoum et Gondar.
J'avais envie de faire un vrai voyage solitaire sur ces terres millénaires.
J'aime cette liberté de pouvoir descendre au hasard dans ces petits hôtels le long des routes, de décider mon itinéraire chaque jour, d'improviser en fonction des rencontres, des horaires, de la lumière.
L'homme d'images est habité par le doute et rien ne vient le rassurer.
Le champ d'investigation du regard est très large, c'est sans fin.
Ici, en Éthiopie, le regard est talisman et même médication.
C'est l'enseignement de la sagesse telle qu'elle s'est élaborée sous les auspices du puissant roi Salomon :
« Je viens à la rencontre de mon image et mon image vient à ma rencontre.
Elle m'accueille affectueusement et m'embrasse à mon retour de captivité. »
Notre rapport à l'image est une rencontre, disent les Saintes Écritures…
Pour beaucoup aujourd'hui, l'image de l'Éthiopie s'est réduite à celle d'un pays confronté aux déchirements internes et à une famine endémique.
Nourrie de ces impressions de détresse, l'actualité qui ne retient que l'écume du temps n'efface cependant pas la réalité d'une Éthiopie plus vivante et dont la culture est si méconnue.
Je suis seul avec mon voyage, heureux d'être seul, ici au cœur de l'Afrique, au milieu du continent, loin de l'actualité, loin des événements et pourtant au cœur de quelque chose.
J'aperçois les vrais problèmes.
Je suis heureux de pouvoir vous montrer l'Afrique que j'aime.

L'Éthiopie est aujourd'hui en paix… après beaucoup d'années de guerre civile…
On attend le « Nuremberg africain » pour juger les anciens responsables de tant de drames.
En attendant, je croise sur les bords des routes ce qui est la préoccupation de millions d'Africains sous tous les tropiques : se procurer du bois de chauffe et de l'eau.
Je rencontre des femmes portant en famille l'eau si précieuse vers une destination inconnue pour moi.
Combien de kilomètres parcourent-elles avec ce lourd fardeau, à plus de deux mille mètres d'altitude, vers leur village et leur maison ?
Moi qui souffle comme un malheureux quand j'ai marché deux cents mètres en leur compagnie.
Elles, cela ne les empêche pas de rire devant la caméra.
Tout au long de la route, malgré mon bonheur égoïste, j'ai du mal à oublier ces visages de femmes et de jeunes filles, rencontres muettes mais qui me touchent peut-être plus que tous les réfugiés dans les camps plus au sud.
Les camions qui passent si vite ne sont d'aucun secours pour elles…
Il y a longtemps qu'elles ne comptent plus que sur elles-mêmes pour transporter l'eau et le bois de chauffe…
Car il n'y a plus d'urgence ici,
il y a seulement la misère de tous les jours…
C'est ici que nous sommes nés… C'est ici, au pied de ces montagnes, dans le désert, que l'on a découvert notre ancêtre Lucie, datant de trois millions d'années…
J'irais bien dans le désert, mais la voiture n'est pas sûre.
Il ne reste plus qu'à rêver… En roulant vers le nord pendant de longues heures, je me demande où vont les eaux boueuses de ce Nil Bleu que je croise… Je m'imagine sur un radeau, emporté par les eaux jusqu'au Soudan, puis vers la haute Égypte, pour, tout doucement, arriver à Alexandrie… à la Méditerranée.
Mais alors je ne suis pas si loin du lieu de mon enfance où l'eau de la Saône, se jetant dans le Rhône, rejoint elle aussi la Méditerranée… Je me mets à penser à ce désir fou de descendre le Nil de l'Éthiopie jusqu'à l'Égypte.

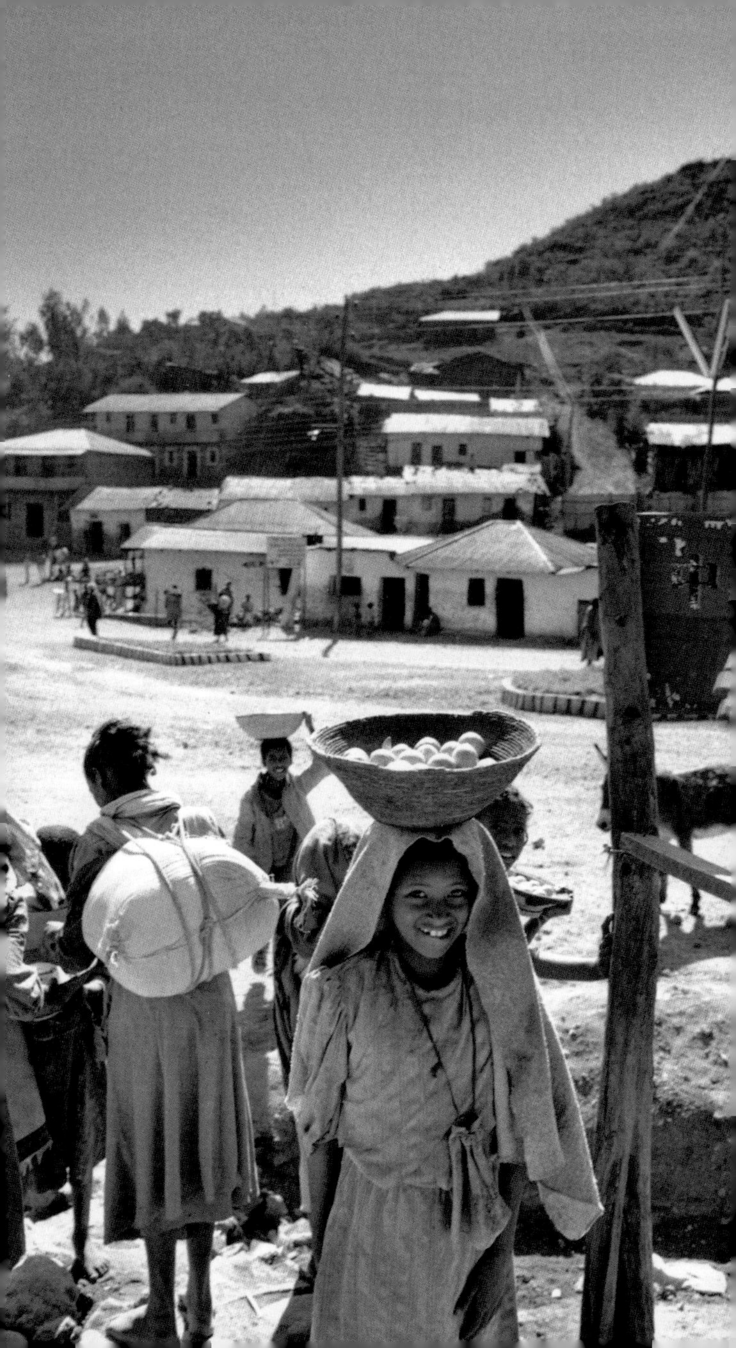

Je suis à Addis-Abeba, dans ma chambre,
à l'*Extrême Hôtel*.
Pendant mon voyage dans cette Éthiopie éternelle,
un drame terrible vient de se dérouler, celui du Rwanda :
massacre, génocide, peu importe.
Il y a beaucoup de victimes…
Aujourd'hui, j'écoute les bulletins d'information
de Radio France internationale sur mon petit poste
de radio, je découvre comme tout le monde l'horreur.
J'avais oublié la marche du monde, pendant les trois
semaines que je viens de vivre. Isolé sur mes plateaux,
je ne me doutais pas que sur d'autres montagnes
il y avait d'autres drames.
Est-ce une chance d'être absent devant tant de
douleurs ?
J'imagine que des photographes et des cameramen sont
déjà sur place.
Il leur faut pactiser avec les « tueurs », se faire aider
des organisations non gouvernementales, les seules
personnes « normales » encore sur place.
Il y a longtemps que les diplomates ont fui, il y a bien
quelques militaires français, mais ils ne s'occupent
que de l'évacuation des Occidentaux encore présents.
Prétexte sans doute à une mission plus secrète.
J'étais, il y a un mois, sur ces routes et ces collines
d'apparence si paisible. Je ne pouvais pas imaginer
qu'elles se transformeraient en charnier…

Comment faire des images dans ces cas-là ?
Je ne sais pas comment je réagirais !
L'image a-t-elle une valeur réelle de témoignage
ou est-elle simplement une façon de gagner sa vie ?
Témoin silencieux, mais langage universel, la
photographie, par exemple, ne peut voir qu'une infime
partie de la vérité, et encore la voit-elle déformée !
Il faut aussi avouer que dans certains cas, elle ne reflète
pas les violences réelles que l'homme provoque.
La photographie peut être en dessous de la réalité.
Certains opérateurs trouvent par le cadre, le hasard, ou
par leur propre obsession, la dimension de l'événement.

D'autres auront du mal à transmettre leurs émotions,
il s'en dégagera une confusion qui nous gênera pour
prendre conscience.
Nous, loin : spectateurs, auditeurs.
Je sais qu'il faut du courage pour être voyeur
et témoin historique.
Moi je suis lâche, j'ai peur…
Je n'aime pas cette violence évidente.
Mon obsession est ailleurs.
Je suis là, en Éthiopie, à mille kilomètres du Rwanda,
trop content de ne pas avoir d'avion.
Je reste dans ma chambre d'hôtel, éternelle complice
du voyageur, moitié chambre de torture,
moitié havre de paix !
Dans quelques jours, je rentre à Paris.

Sept mois plus tard,
aujourd'hui la guerre est finie.
À Paris, il m'a semblé nécessaire de revenir au Rwanda, pour voir, regarder, essayer de comprendre et mesurer les conséquences de cette guerre civile transformée en génocide. J'ai demandé à visiter la prison de Kigali où cinq mille détenus attendent leur jugement.

30
PRISON

Tous ces hommes sont des génocideurs,
les auteurs d'un génocide.
Nous sommes dans la prison de Kigali
avec les cinq mille personnes qui attendent leur jugement…
De cinq à dix personnes meurent chaque jour,
par manque de soins, alors que dans la ville plusieurs
ONG seraient prêtes à apporter des secours.
Seuls les représentants de la Croix-Rouge internationale
ont le droit de venir à l'intérieur
de la prison, je les ai croisés pendant que je prenais
ces images, ils m'ont regardé comme un prédateur.
Silence, on meurt, cela ne regarde personne.
Nous sommes en pleine neutralité.
Qui peut s'intéresser à un malade soupçonné de génocide ?
Pas grand monde… !
Le premier jour, muni de mon autorisation ministérielle, j'étais chez le directeur de la prison, un ex-séminariste qui me racontait ses problèmes. Voyant l'heure avancer, je lui ai demandé si je pouvais pénétrer à l'intérieur de la prison. Il m'a alors libéré sur-le-champ. Après que les deux portes d'entrée, au vu de ma couleur, se furent mystérieusement ouvertes, je me suis retrouvé seul, face à plusieurs milliers de personnes qui me regardaient.
Drôle d'impression… Je n'étais pas très fier, j'ai pensé que la meilleure façon de faire connaissance c'était encore d'avancer avec ma caméra.
J'avais peur de buter sur des personnes allongées…
J'ai filmé l'œil ouvert, comme dans mon documentaire sur le commissariat de police à Paris ou celui sur les asiles psychiatriques en Italie.
Au moment de filmer la prétendue infirmerie, j'ai pensé au Biafra, au pire souvenir d'un autre drame, filmer, photographier, se taire, écouter vaguement l'accompagnateur, appelé ici Capita.

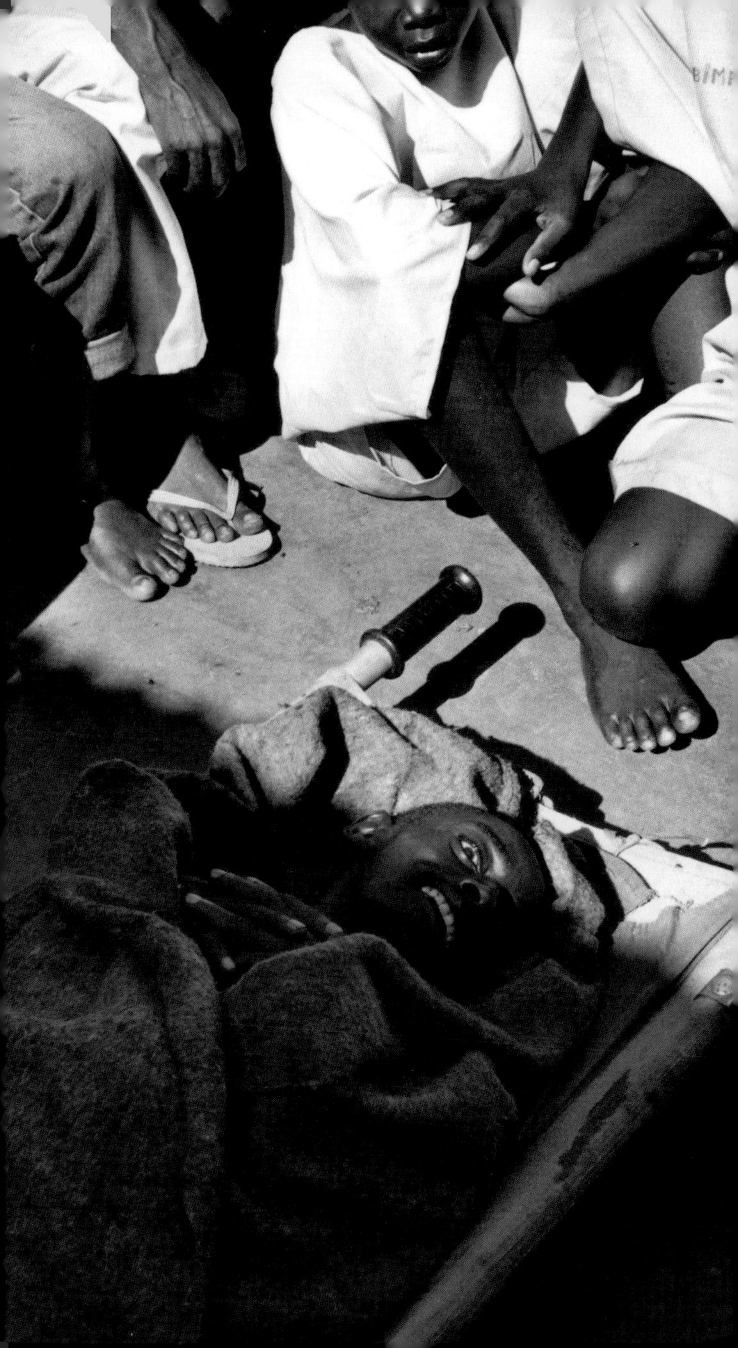

Je n'ai pas voulu filmer les mineurs,
eux aussi emprisonnés.
Je me suis arrêté chez les femmes, puis je suis revenu
dans cette cour ouverte, sans toit...
J'ai installé mon trépied, j'ai placé dessus une tête
panoramique, sorte de petit gadget chinois pour
amateur de télésurveillance, modifiée pour faire 360°,
c'est-à-dire un tour complet avec ma caméra dessus.
Et je filme tous ces prisonniers autour de moi,
dans cette cour.
On entend l'appel de leurs noms.
Ils ont l'air de paisibles Africains...
Certains portent des traces de blessures...
On doit les juger pour le meurtre de plusieurs centaines
de milliers de personnes... Dans d'autres villes
du Rwanda, il y a d'autres prisons.
Ils sont tous censés être les coupables...
Le rapport de l'ONU sur le génocide est clair et sans
équivoque. Au début, on a cru à un massacre de plus...
Mais au fur et à mesure, les preuves se sont accumulées...

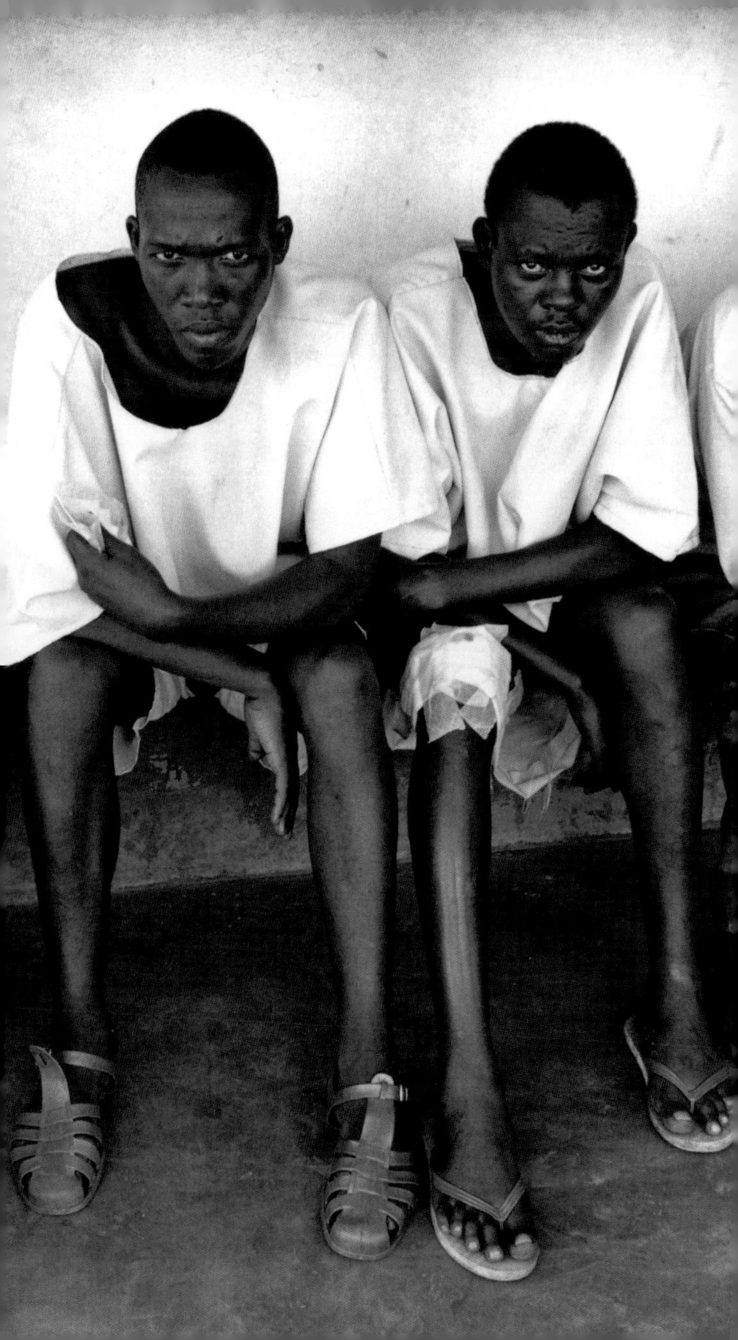

C'était bien un génocide, c'est-à-dire un meurtre collectif organisé, planifié, dirigé d'une manière systématique… tout le monde devait être tué, grands-parents, parents, enfants… Qu'est-ce qui pouvait bien motiver une telle folie ?
Peut-on comprendre ?… J'imagine qu'il y avait beaucoup de peur, les rares témoins sont formels, il n'y avait aucune pitié. Tous les réfugiés hutus filmés au bord du lac et qui regardaient la caméra tourner toute seule se sont mis à chasser le Tutsi comme des bêtes furieuses… Pas de rescapés, la quantité de morts est quand même surprenante, on a du mal à y croire.
J'ai du mal à y croire.
Aujourd'hui je les filme à la messe,
je les filme pendant la communion,
je les filme chantant, la femme me dit qu'elle n'a rien fait, qu'elle était réfugiée.
Je pense qu'il y a des innocents.
Je pense que les vrais coupables ne sont pas tous dans cette prison surpeuplée. Réfugiés au Zaïre, à Paris, ils vivent tranquillement aujourd'hui. Je ne vois pas comment on aurait pu arrêter tous les coupables qui, avec leurs machettes, ont fait un million de morts.

J'imagine la prison dans quelques semaines,
avec la saison des pluies.
J'imagine leur attente encore longue. Je me sens impuissant à vous faire comprendre cette histoire.
Je filme des hommes dans une prison, ce sont des corps, je refuse de les interviewer, je sais qu'il y a des récits sans doute étonnants, ici je ne veux pas filmer la parole.
Il n'y a peut-être rien à comprendre ni à justifier. Je les laisse avec leur remord, leur douleur ou sans l'un ni l'autre. Je sais seulement qu'on a construit des camps pour les nouveaux prisonniers, aujourd'hui encore ils sont toujours enfermés, en attendant d'être jugés un jour.

Trois années ont passé au Rwanda, Jean Hatzfeld m'a demandé de l'accompagner à Nymata où il commençait ses entretiens pour son livre *Dans le nu de la vie* sur les rescapés du génocide de 1994.
Il a fallu toute la discrétion et la rapidité du Leica pour casser la pose souvent trop compassionnelle des habitants des collines.

Benaco, la deuxième ville de Tanzanie,
un million de réfugiés.
Tout marche comme une grande ville, avec le temps
les choses se sont organisées : marchés, écoles…
Les expatriés de toutes nationalités qui travaillent dans
les ONG quittent le camp à 5 heures du soir pour aller
dormir à vingt kilomètres de là, question de sécurité.
Jusqu'à présent, j'avais plutôt évité ces immenses
camps de l'humanitaire.
Je ne savais pas comment les photographier.
En pleine montagne, à cause d'un point d'eau,
celui-ci est le plus calme et le mieux organisé
des camps de réfugiés.
Pour combien de temps ?
La présence de l'action humanitaire est indispensable.
Elle permet de sauver, de rassurer, de faire savoir,
de montrer que ces gens ne sont pas seuls, abandonnés
dans un conflit qui les dépasse toujours.
C'est le combat de l'humanisme contre la barbarie.
On doit continuer à apporter vivres et médicaments,
formation et sécurité, même si une partie de l'aide est
détournée par les belligérants.

L'Afrique est, paraît-il, le continent le plus riche du monde par les richesses de son sol et de son sous-sol, par ses ressources hydrauliques et énergétiques, il est aussi celui qui reçoit le plus d'aide par habitant. Or l'humanitaire ne doit pas pallier indéfiniment la défaillance des États, sous peine de se transformer en assistant permanent et de se substituer aux services publics essentiels.

Les organisations non gouvernementales doivent résister à la tentation d'aller vers l'urgence, le « virus de l'urgence » s'est développé avec la diffusion des images télévisuelles aussi bien chez les ONG que chez les bailleurs de fonds.

L'action humanitaire doit d'abord œuvrer pour que, dans les zones dans lesquelles elle intervient, les populations trouvent une issue durable à leurs difficultés. Il n'empêche que les ONG doivent se méfier de l'usage, par des pouvoirs peu scrupuleux, de la théorie des catastrophes utiles, et rester lucides sur les risques de détournement de l'aide.

Mogadiscio, le vieux port, fondé sous l'influence
des sultanats de Zanzibar.
J'aimais bien cette ville.
Je la retrouve à moitié en ruine,
coupée en deux, dans un triste état.
Seuls les bougainvilliers sont en fleur
et donnent un peu de gaieté.
Il y a quelques années, on a construit un abattoir tout neuf, un peu au nord de la ville. Le sang et les déchets des bêtes tuées se sont déversés dans la mer, la barrière de corail au large a été rompue par les requins qui viennent aujourd'hui manger les jambes des baigneurs.
Il est très dangereux de se baigner à Mogadiscio.

Je suis accompagné de trois gardes du corps, ce sont des anciens militaires de l'armée somalienne, reconvertis dans la milice privée, pour la protection obligatoire des rares expatriés étrangers travaillant encore en Somalie.
Aujourd'hui, il n'y a pas d'accrochages, nous sommes sur la ligne de cessez-le-feu, la *green line*, qui sépare les deux Mogadiscio, Nord et Sud.
L'*Alcuruubah*, vieux bâtiment démoli, est un grand hôtel d'État, que j'ai connu, il y a dix ans, au temps de la splendeur de la ville. C'était la plus grande discothèque et le bordel le plus coté de Mogadiscio.
Le pays est abandonné à lui-même après les maladresses et les erreurs de cette guerre dite de l'humanitaire.

Il faut que je profite de l'accalmie, pour aller à Mogadiscio Sud. Mais pour cela, je dois changer de gardes du corps, de véhicule, passer la ligne de démarcation à un point bien précis pour retrouver l'hôtel *Croce del Sud*, un vieil hôtel colonial italien où je suis resté plus d'un mois, il y a dix ans.

C'est ici, dans cet hôtel, que j'ai aimé une femme.
C'était du cinéma, je jouais l'amoureux transi,
je prêtais ma voix,
je jouais le rôle d'un reporter, oublié de Paris,
en attente de repartir.
C'est dans cet hôtel que je la rencontrais,
je l'abordais au début du film.
Nous étions tous les deux.
Je l'hébergeais dans ma chambre et je la regardais.
Les jours passaient, nous sortions dans la ville.
Je parlais, elle m'écoutait.
Nous étions dans la chambre, à la tombée de la nuit,
au moment où la ville était si belle.
Je crois qu'elle commençait à être sensible
à mon attention.
Mais ce n'était que du cinéma.
Les gens ont cru, en voyant le film,
que c'était un documentaire de plus.
Je crois que j'étais amoureux d'une image,
d'une personne qui n'existait pas… !
Nous tournions clandestinement, les autorités
du ministère de l'Information ne comprenaient
pas très bien notre oisiveté. Nous étions toujours
fatigués et nous ne voulions pas sortir…
Les fonctionnaires somaliens ne se doutaient pas
que nous tournions le film dans nos chambres le reste
de la journée…
Le pays était militaire, en mal d'espionnage !
Les heures de la sieste étaient mes moments favoris,
la ville était calme, les rues plus silencieuses, je filmais
depuis le balcon en moucharabieh les petits vendeurs
sous les palmiers, il faisait chaud.

J'ai aimé faire du cinéma ici.
J'ai aimé photographier une femme sensuelle, désirable dans sa robe d'Alexandrie. J'ai pleuré aussi quand elle était trop dure avec moi.
Je m'allongeais sur mon lit et je me forçais à me faire couler des larmes.
Je me vengeais une heure après en la filmant avec force.
Comme jamais je n'ai filmé quelqu'un,
comme jamais je n'ai filmé des jambes, une épaule, un dos, chaque cadre, chaque lumière était un désir fou…!
Ici, dans cet hôtel de Mogadiscio, le *Croce del Sud*.
Nous tournions dans sa chambre.
C'était la plus belle chambre, j'attendais sur le balcon la lumière rose et chaude comme je le voulais.
Je tournais une minute par jour…

Il y avait un livre de Pavese sur la table de nuit, de la musique des Antilles sur une radio.
Nous mangions le soir, dans le patio, des pâtes *al dente* au pied des arbres. Il faisait bon, la température était idéale, c'était Noël. Tout était si réel que les gens se perdaient en voyant les images. Et pourtant que de moments cherchés, que de cadres douloureux…
J'aurais pu tout laisser tomber… Fuir mon amour comme on fuit un amour sans espoir…
Non, je continuais à filmer les détails de son corps et je pleurais le soir sur mon lit. Voilà ce que c'était de prendre trop à cœur cette histoire. Ma première histoire, mon premier film de fiction.
Aujourd'hui tout est poussière, le blanc est passé, le son sauvage…!
J'ai du mal à croire à tant de rêves ici dans cet hôtel, dans ce patio, avec ce vieux domestique témoin à charge…
Toujours escorté de mes gardes du corps, payés par l'humanitaire. Aujourd'hui je suis en paix avec moi-même, avec ce film, je ne sais pas si je retrouverai un jour tant de grâce, ces lumières sur un corps… cette liberté, ces plaisirs, cette douleur.

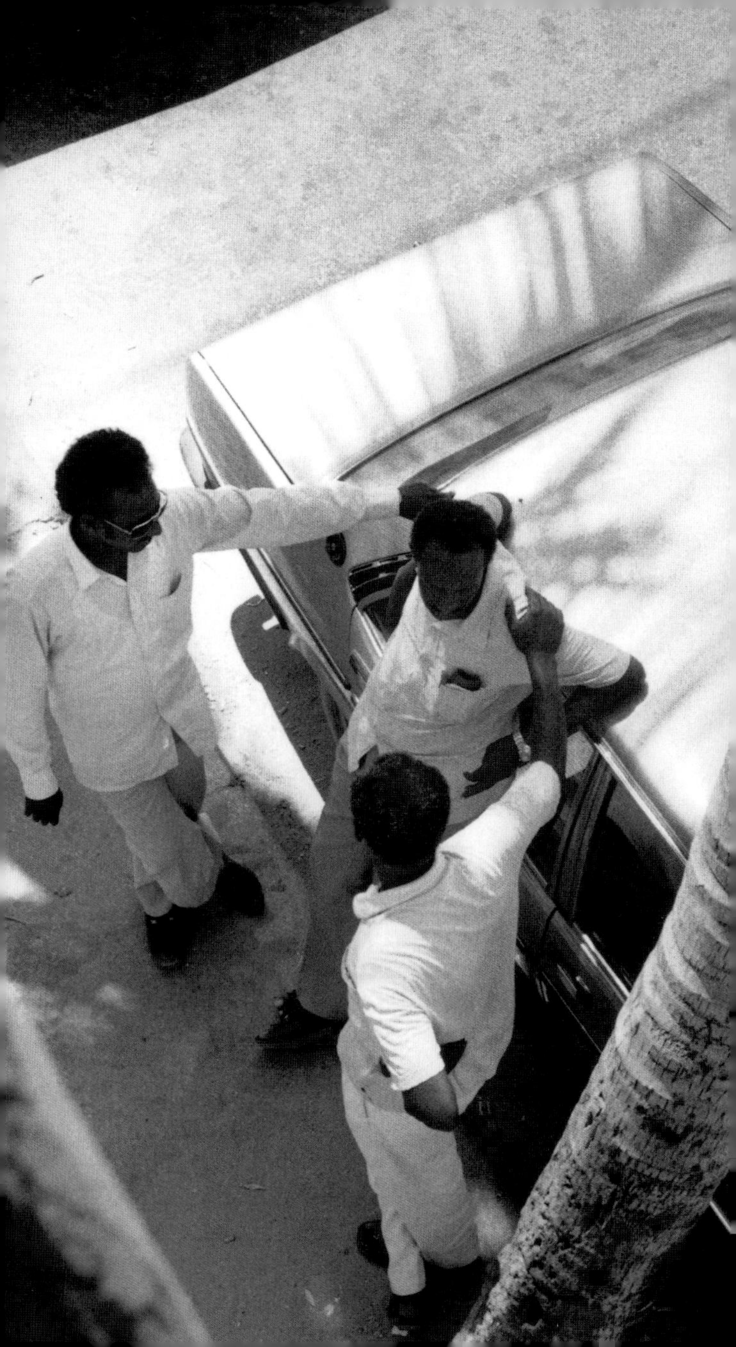

À partir de 14 heures, plus personne ne sort.
Un couvre-feu pour Occidentaux est institué de manière informelle.
Il me reste le toit d'Action contre la faim, qui m'héberge très gentiment depuis le début de mon séjour.
C'est une des rares ONG à rester à Mogadiscio.
Tout à l'heure, j'ai demandé à tourner un plan bête au coin de la rue.
Les enfants se sont arrêtés de jouer, des mots se sont prononcés, des adultes sont intervenus, une tension invisible est née.
Le colonel Omar et ses deux hommes armés de kalachnikovs qui m'escortaient ont préféré que nous partions. Je n'avais filmé qu'une rue vide. Je n'ai rien d'autre à vous montrer, que ces images en apparence banales.
Quelques jours après mon départ, Rudy, un jeune logisticien qui était chargé de m'accompagner dans la ville, a été pris en otage pendant trente-six jours malgré son escorte. Il a été victime d'un odieux chantage.

HOTEL
CROCE del SUD
since

Depuis le début de mon voyage, je rencontre de jeunes Français qui n'appartiennent pas au corps médical et qui travaillent dans l'humanitaire, je laisse la parole à Dominique, volontaire, coordinateur d'Action contre la faim.

« Chacun donne à sa manière ; ici, bien souvent, ce n'est même plus un don, c'est du secours. Sommes-nous en quelque sorte des pompiers de la terre, des réparateurs de l'injustice, des messagers du futur et a contrario *des marionnettes politiques ? La question m'intéresse.*

« Mon engagement dans cette entreprise partait, comme pour nombre de jeunes qui s'y engagent, sur de naïves utopies, et puis un jour, ces utopies se fracassent sur le mur de la "real politik". C'est, comme le dit Rony Brauman, "le temps de la gueule de bois idéologique". Alors il faut, par la force des choses, accepter cette compromission.

« Bien que le choc du réel m'ait sonné, je garde, et je crois que je ne suis pas le seul, confiance dans ce qui est fait et dans la manière dont cela est fait. Parce que nous conservons une foi inaliénable aux politiques, aux décideurs du moment, l'avenir sera cet enthousiasme.

« Comment qualifier cette jeunesse en mouvement qui veut prendre part différemment aux événements, comment ne pas percevoir l'indice que le futur ne sera peut-être pas celui qu'on veut bien nous faire croire qu'il sera, comment ne pas avoir confiance dans cette vague sereine, grandissante et mûrissante qui s'engage là où le bât blesse ?

« J'ai la certitude que le temps jouera dans le sens de cette révolte. Car c'est bien d'une révolte qu'il s'agit. Une révolte silencieuse, active, engagée, motivée et de surcroît féconde. C'est une violence faite à soi-même, à la passivité, à la facilité. C'est un combat qui se prépare. Un combat dont les armes ne sont ni dévastatrices ni meurtrières, mais bel et bien rénovatrices, préservatrices et salvatrices. Pour le moment il faut toujours chercher à comprendre, dénouer les logiques et savoir davantage. On ne devient pas un homme en ermitage… »

5Y-NKG

Nous sommes dans le plus grand marécage du monde, le Sud du Soudan.
Les Nils Blanc et Bleu venant des montagnes de l'Éthiopie et de l'Ouganda descendent tout doucement et ont du mal à trouver un passage dans le désert.
Le contraste entre le Nord et le Sud est total.
C'est les marais et le désert.
Depuis l'accession à l'indépendance, le Soudan est en guerre civile.
Mon guide vérifie que je ne tourne aucune image politique ou militaire.
Il appartient au mouvement de libération du Sud contre le Nord qui contrôle cet immense territoire du Bar el-Ghazal où nous sommes.
J'ai un regret… ! Je ne vais pas pouvoir aller dans le Kordofan, massif montagneux au centre du pays, où s'est réfugiée une population aujourd'hui encore pourchassée : les Noubas !
Après la guerre, en 1948, un photographe anglais nous a rapporté des images merveilleuses. Venant du Cap lui aussi, il a remonté toute l'Afrique en Land Rover.
Il est resté longtemps chez les Noubas et a contribué à nous les faire connaître avec une pudeur et une générosité exemplaires.
Il s'appelle George Rodger, il vient de mourir.
Il y a quelques mois, juste avant de partir chez les Noubas, il avait fondé l'agence photographique Magnum dont je fais partie.
Les Noubas ont été ensuite menacés par l'arrivée massive des touristes japonais à cause des photographies de Leni Riefenstahl qui les avait adulés de manière ambiguë.
Chassés, déplacés, ils essaient de garder leur culture nubienne. Sinistrés par des famines successives, ils sont aujourd'hui oubliés du monde. Rares sont les voyageurs qui ont pu atteindre les fertiles montagnes des monts Nouba.

Ce voyage nécessite une préparation très longue et minutieuse. Il faut marcher pendant un mois, couper à travers les marais, un encerclement militaire contrôle cette région, c'est pour cela que nous avons très peu d'informations sur ce qui se passe chez les Noubas.
Dans ce petit village – ce sont des Dinkas qui y habitent – ils sont éleveurs de bétail dans le seul but d'obtenir du lait pour nourrir leurs enfants.
C'est une population nilotique, essentiellement animiste.
La légende veut qu'ils survivent grâce à leur haute taille qui les sauve de la noyade.
J'ai vu beaucoup de gens pauvres, peu d'hommes, peu d'adolescents. On dit qu'ils sont enrôlés de force dans la rébellion.
Dans l'avion qui me ramène au Kenya, survolant ces marais sans fin, je me pose la question du temps qu'il faudrait pour visiter tous ces villages en pirogue…

Nous sommes dans un pavillon à moitié abandonné de l'hôpital de Nimule au Soudan.
C'est une jeune infirmière parisienne, Carole, qui m'a fait découvrir ce triste endroit.
Carole, dont c'est le premier séjour en Afrique, est chargée de s'occuper des déplacés officiels dans un camp très bien organisé à côté.
Les autorités militaires du Sud qui se sont soulevées contre le régime fondamentaliste de Khartoum ont regroupé dans ce pavillon tous les déplacés inclassables, victimes des conséquences de la guerre civile, abandonnés à eux-mêmes, sans famille depuis longtemps.
Ils sont atteints par les très nombreuses maladies de cette zone tropicale qui est la plus ingrate d'Afrique.
Les maladies sont : la dysenterie, les diarrhées sanglantes, les amibes, la bilharziose, l'onchocercose (cécité des rivières), la maladie du sommeil, la leishmaniose, la tuberculose, la lèpre, la gale, la méningite, la rougeole et le paludisme.
Carole, qui a découvert cet endroit par hasard, vient en cachette leur apporter quelques médicaments, des vivres et un peu de réconfort.
Je pense que tout seul je n'aurais pas osé photographier ces gens, c'est Carole qui a insisté pour que je montre cette réalité telle quelle.
Je devrais maintenant arrêter de filmer, couper ma caméra, ne plus vous montrer ces images.
Certains peuvent penser en avoir vu assez mais si je continue à filmer, c'est que j'ai mes raisons.
D'abord, il faut savoir que je filme en continu pour ne pas avoir la possibilité ensuite de modifier le temps réel et pour bien vous montrer ma position.

Chaque cinéaste a le devoir moral de son plan, et le temps réel en est une garantie. Ce plan est sensible. Sensible à cause de la tentation de vouloir le réduire, de prendre seulement la partie la plus spectaculaire, la plus esthétique, ou celle qui exprime le plus de compassion.
Vous pourriez me reprocher d'être trop insistant et de faire mon cinéma avec ça. Je sais seulement que l'insistance rend ce plan moins fragile en quelque sorte, plus riche parce que moins réducteur.
Depuis que le plan-séquence avance, nous apercevons d'autres personnes d'apparence normale dans ce pavillon. Ce ne sont pas seulement des vieux et des malades dans un mouroir improvisé, comme on peut le penser au début du plan. Ce sont aussi toutes sortes de personnes rejetées, isolées, repoussées, contagieuses, malades mentales, ou ni l'un ni l'autre. Les images et les sons nous disent déjà beaucoup de choses, mais cela ne suffit pas et surtout cela ne change rien.
Carole est impuissante et nous aussi.
Je sais seulement que sans caméra je ne serais pas là à les regarder.

Ma position est bien claire, je suis là uniquement pour filmer, c'est le contrat avec Carole. Je me substitue à elle. L'infirmière, la professionnelle de la santé, qui est choquée, émue, touchée, elle pourtant qui voit tous les jours des centaines de déplacés. Carole est en colère contre les militaires rebelles qui sélectionnent dans des camps ceux dont ils ont besoin et abandonnent les autres.
Malgré mes extrêmes attentions et la violence que tout opérateur ressent pendant que la pellicule chimique tourne dans la caméra où chaque minute est unique, j'ai un sentiment de grande impuissance.
Que pouvons-nous faire ?
Je vous dis qui je suis, et quelles sont les circonstances de ce tournage.
Ces images sont ma mémoire. Cette sélection est mon regard. Je me suis efforcé de filmer peu de choses, de vous montrer presque tout.
Il y a la lumière des visages, des silences et des rires.
Nous savons beaucoup de choses mais cela ne change rien sur le terrain.
J'avoue ma perplexité à vous communiquer par les images, les sons et par les mots les douleurs quotidiennes en Afrique.
Cette guerre au Soudan a commencé il y a si longtemps que l'on finit par l'oublier, pourtant elle n'est pas près de se terminer.
La saison des pluies va bientôt commencer, ce pays va de nouveau être isolé.
Cette guerre du Sud Soudan dure depuis tellement longtemps, même le nombre des victimes n'impressionne plus personne.

Après le Soudan, c'est le Tchad. Je n'avais jamais eu le temps de venir dans le Guera, région du centre du Tchad où depuis longtemps cohabitent différentes ethnies. Pendant les guerres, il y avait des combattants qui venaient du Guera, ils me parlaient de leur pays… C'était le plus beau… ils étaient fiers.
Je me souviens d'un combattant qui m'avait fait promettre de venir un jour voir son pays quand ça serait la paix…
Voilà, c'est la paix, le combattant a disparu, je suis venu voir le Guera… ! Et ses montagnes… Il y a des éleveurs, nomades, semi-nomades, il y a des sédentaires cultivateurs… Le pays est vraiment beau… avec ses montagnes en pain de sucre…
Tout au long de ces voyages, n'ayant pas opté pour le *road movie*, je suis confronté aux problèmes des transports.
Quelquefois, je regrette un petit camion. Mais le passage des frontières serait souvent impossible ou très long.
Je suis néanmoins surpris de trouver au marché de Bitkine une quantité et une variété de produits impressionnantes. Toutes sortes de choses qui font des centaines de kilomètres…
Le choix est parfois plus important pour certains produits que dans nos centres commerciaux.
Voyager en Afrique, voyager tout court, est une chose formidable. Malheureusement on ne peut voyager en Afrique comme dans d'autres régions du monde.
Enfin, c'est possible mais plus difficile, surtout pendant la saison des pluies : les pistes sont souvent impraticables et des régions entières comme ici, au Tchad, sont isolées… Il n'y a pas d'avion.
Le tourisme « main dans les poches » n'est pas vraiment recommandé, il vaut mieux avoir un véhicule ou même parfois plusieurs.

Toute cette Afrique reste formidable à visiter…
elle n'est peut-être pas spectaculaire…
elle est difficile… elle est pénible, dangereuse.
Mais on y rencontre des gens, tout au long de ces routes, extraordinaires de gentillesse, de dévouement pour vous… Ils n'ont pas grand-chose à vous donner…
Si ce n'est pas du tourisme, c'est un voyage comme on rêve tous d'en faire un jour…
J'aime ces voyages… cela relativise tous les problèmes.
La vie est différente, le temps n'est plus le même…
Quand on est amoureux, on est encore plus amoureux, quand on est malheureux, on est moins malheureux…
Il y a toujours quelque part ce bonheur du voyage…
Il faut bien s'organiser. Car tout cela peut se transformer en cauchemar.
Voyager, prendre des images… films ou photographies… il y a quelques précautions à respecter.
Cela dépend un peu de votre attitude.
Ici je photographie pour moi, j'aime garder des traces de mes voyages.
Je photographie tout simplement, sans pression, sans urgence, sans commande, ce n'est pas un travail !
Il faut être discret.
Il m'arrive de faire connaissance…
Ce sont des rencontres furtives…
Douces, tendres, ou violentes parfois… J'aime aller vite…

Je ne veux pas que mon regard insiste trop !
C'est ma manière de faire des photographies !
C'est ma manière de voyager…
J'aimerais rester longtemps dans chaque village…
Dans chaque lieu… Mais c'est impossible…
J'ai confiance au premier regard… Il a ses qualités aussi !
Tout à l'heure, au marché de Bitkine, j'étais avec
mon chauffeur tchadien originaire du Guera,
il me montrait le marché, un beau marché !
Il parlait à tout le monde, il s'arrêtait, saluait
les commerçants, les acheteurs, j'en profitais pour faire
des photographies…
Je restais à ses côtés et sans bouger trop…
Je visais des scènes. Il y avait des chameaux,
des hommes, des femmes, beaucoup de monde…
À un moment, une jeune fille tchadienne m'a souri.
Elle était là, à quelques mètres de moi, un instant
très court…
J'ai fait une photographie… Histoire d'une fraction
de seconde !

Ils étaient jeunes, seuls, modestes, allemands
pour la plupart.
Ils sont venus par le Nord, ce n'étaient pas des
militaires, leurs récits sont simples, sans arrière-
pensées. Ils s'appellent Heinrich Barth, Gustav

Nachtigal, Gerhard Rohlfs, Alexandrine Tinnè. Ils étaient les premiers explorateurs, c'étaient des voyageurs courageux, certains sont morts ici. D'autres sont arrivés, des militaires, des savants, des fonctionnaires, comme ici au Tchad, dans le Guera. Ils ont pacifié… C'était il y a quatre-vingts ans… ! C'est ici aussi que je croise des itinéraires de voyageurs célèbres.
D'abord, celui de Michel Leiris et son *Afrique fantôme* de l'Atlantique à la mer Rouge. Puis celui d'André Gide, avec son *Voyage au Congo* et son *Retour du Tchad*, d'autres moins connus, comme les *Carnets de route de Charles Le Cœur* de Wilfred Thesiger, ou de Théodore Monod avec son *Catalogue raisonné des plantes du Tibesti*. Depuis vingt-cinq ans, les guerres civiles ont créé un répit forcé à la présence étrangère. De toute façon, personne ne s'intéresse aujourd'hui au Sahel tchadien. Il y a quelques rares enseignants français dans les lycées isolés, comme ici dans le Guera. Quelques missions, une équipe d'Action contre la faim et des militaires plus au nord, venus aider les Tchadiens à déminer le Tibesti. Il n'y a pas de touristes,
il n'y a rien à voir, le pays est pauvre !
C'est un pays d'élevage et de culture.
Les enfants que vous voyez sont des enfants de pasteurs en pâturage avec leurs troupeaux. Ce sont aussi des fils de sédentaires, petits cultivateurs des villages au pied de ces montagnes. Étonnant Tchad, où cohabitent des populations si différentes. Ils n'ont pas la même langue, ils vivent ensemble depuis si longtemps.
Je ne vais pas rester ici, j'ai envie de partir
pour le Tibesti, c'est là tout droit, juste là…
Vous prenez la piste, il faut une bonne voiture, traversez le désert de Djourab puis le Borkou et sa grande palmeraie, il y a quatre à cinq jours de piste. Vous ne pouvez pas vous tromper.

C'est grand comme le Massif central, avec l'Emi Koussi à trois mille cinq cents mètres d'altitude.
Nous allons ensemble à Yebbi Bou, une palmeraie de montagne, essayer de retrouver un ancien combattant du Frolinat, Mahamat Moussa.
C'est une journée d'hiver, la palmeraie est vide en cette saison, tous les habitants sont en pâturage sur les Tarso, sorte de plateaux au pied des volcans éteints, à plusieurs jours de marche. En cherchant mon vieux Toubou, je vois qu'ils sont toujours abandonnés à eux-mêmes, les choses n'ont guère changé malgré toutes ces guerres.
Il y a juste vingt-cinq ans, je venais pour la première fois au Tibesti.

Ma mémoire m'a trahi.
En cherchant le combattant Mahamat Moussa, habitant de Yebbi Bou, rescapé de l'embuscade d'Aozou, que j'avais filmé en 1970, je l'ai confondu avec Ouardougou Moussa, mort depuis, qui était le jeune guide qui nous accompagnait. Cela explique le malentendu avec les habitants de Yebbi Bou. C'est seulement à la tombée du jour que j'ai compris mon erreur en rencontrant le fils de Mahamat Moussa.
N'importe comment, son père est en pâturage, je ne pouvais pas le rencontrer. Dommage, j'aurais bien aimé vous présenter un homme courageux, un héros ! Seul, il s'était défendu contre une cinquantaine de goumiers, un jour de janvier 1970 à Aozou.
Je suis heureux de retrouver enfin mon Tibesti, ma montagne préférée dans le désert. C'est la première fois que je peux venir ici, au trou au Natron, volcan à deux mille mètres d'altitude, au pied du pic Toussidé.
Il m'a souvent guidé, ce pic Toussidé ! On le voit de loin, en Land Rover, ou en petit avion du genre Cessna ou Dakota. Mes histoires avec le Tibesti seraient trop longues à vous raconter.
La première fois, c'était avec Gilles Caron, à Aozou, lors d'une embuscade, en 1970, notre dernier reportage ensemble.
Puis, en 1975, ma rencontre avec Françoise Claustre, une archéologue du CNRS restée trente-trois mois en otage.

J'ai parcouru les plateaux volcaniques à pied, avec des chameaux. Je suis resté longtemps dans les palmeraies de montagne à attendre un avion… Il a fallu de l'obstination, sur le mince fil du journalisme, pour ne pas tomber, entre la Cour de sûreté de l'État, qui voulait me juger au nom de l'article 80, alinéa B, pour avoir laissé une personne en danger de mort à l'étranger, et les ambitions de Hissène Habré, prêt à tout pour obtenir des armes destinées à la guerre contre un régime corrompu, à deux mille kilomètres au sud…
J'aime les Toubous : nomades noirs du Sahara, la seule population noire du désert. Ils sont fiers d'être les seuls à pouvoir vivre ici.
Aujourd'hui, je ne retrouve plus personne, les chefs que j'ai connus ne sont plus là. Goukouni Oueddeï est à Alger, Hissène Habré s'est réfugié à Dakar, Adoum Togoï est ambassadeur à Tripoli, Dagache Yoki est colonel à N'Djamena et Adoum Yacoub est toujours dans le maquis, près du lac Tchad. Je suis triste de quitter le Tibesti comme ça, je sais que je reviendrai pour moi, pour faire le point, il faut que je mette à jour ma mémoire, film ou livre, peu importe.

Je suis obligé de redescendre à N'Djamena, pour traverser la frontière avec le Niger et rejoindre le Djado, où j'ai passé trois mois avec toute une équipe, il y a quelques années, pour tourner *La Captive du désert*.

J'aime bien Dobi Kore et Dobi Wachinke.
J'ai eu la chance de les filmer pendant trois mois tous les jours, il y a six ans.
Elles étaient jeunes adolescentes, timides et réservées.
Elles ne connaissaient pas l'image en mouvement, le cinéma, la télévision, la vidéo, elles n'ont que les photographies, les Polaroid que je leur donnais.
Elles étaient les jeunes filles d'un campement imaginaire, ici, à côté de la « captive » jouée par Sandrine Bonnaire.
Elles chantaient ensemble « Le petit navire » à la tombée du jour. C'était l'été. Il faisait très chaud, la lumière était blanche, forte.
Elle s'adoucissait en fin de journée et elle restait quelques instants menaçante « entre chien et loup », les montagnes étaient encore présentes.
Le désert faisait peur.
D'un côté, il y a le Ténéré, immensité vide, sorte de mer à l'infini.
Le prochain campement est touareg, au pied de l'Aïr, à cinq cents kilomètres de là.
De l'autre côté, c'est le plateau du Blaka, rempli de gravures et de peintures rupestres, avant la Libye et le Tchad.
C'est toujours le monde Toubou !
C'est là que j'ai voulu que Sandrine Bonnaire se perde, sauvée *in extremis* par un petit berger parti chercher un chameau en fugue…
C'était comme les époux Claustre dans leur folle fuite au Tibesti, sauvés par une vieille femme Toubou à la recherche d'une chèvre égarée.
Isolés au milieu de ces déserts, les Toubous de Chirfa, surtout les hommes, n'arrêtent pas de voyager pendant l'hiver…
Ils vont voir leur famille dans le Sud, en pâturage vers Termit, ils n'hésitent pas à traverser les frontières…
On les retrouve en Libye… en train de chercher du travail ou de vendre leurs dattes, très réputées.

Si j'aime le désert, j'aime aussi ses habitants mais surtout ces Toubous qui n'ont pas toujours bonne réputation… On sait qu'ils manquent de beaucoup de choses. Ce n'est pas parce qu'ils se « débrouillent » depuis des années que tout va bien. La situation s'est dégradée, il n'y a plus de camion de la coopérative qui vienne apporter des produits de première nécessité aux femmes de Chirfa. C'est toujours la même chose, il n'y a que l'armée qui bénéficie de moyens modernes, sans cesse plus importants, justifiés encore une fois par le conflit et les troubles avec la population touareg, aujourd'hui en voie de règlement.
Par chance dans leur malheur, le blocus détourné de la Libye facilite l'acheminement, *via* le désert, de certaines denrées à des tarifs inférieurs à ceux venant d'Agadez et du reste du Niger où tout est cher, car le pays n'a pas d'accès à la mer. C'est le problème de tous ces pays du Sahel, enclavés et surendettés.

Il n'y a que moi vraiment qui sois heureux de revoir tous ces gens, cette jeune fille, le Derdei et sa femme, Koré l'assistant et Dobi.
Je ne me rends pas compte que je les presse trop avec mes questions, avec ma caméra. Moi qui n'aime pas l'interrogatoire filmé !
Je suis en train de m'enorgueillir de vous les présenter, ces acteurs involontaires d'un film déjà si loin.
Qu'est-ce qu'un tournage de film peut apporter à cette population si éloignée de tout ? Je sais au fond de moi que ce n'est pas grand-chose !
Les bienfaits d'un tournage sont dérisoires.
Mais je ne veux pas l'entendre, je cherche à me donner bonne conscience.
Qu'est-ce qu'une équipe de dix Français, même pendant trois mois, pouvait changer à leur existence, dans ce village de Chirfa, au Niger, au milieu du Djado, aux frontières du Tchad et de la Libye ?

J'ai pris aux Toubous ce qu'ils ont de mieux,
leur élégance, leur douceur, la beauté de leur paysage.
Mon film parlait des difficultés d'une femme blanche
à vivre dans le désert, mais ce sont leurs difficultés
quotidiennes qui sont importantes.
Il n'y avait pas de mouches sur Dobi Washinké
dans *La Captive du désert*.
Il n'y a pas de mouches dans la fiction, même
si *La Captive du désert* n'est pas vraiment un film
de récit, mais plutôt une suite de sensations filmées.
Aujourd'hui un avion m'attend. Escorté par des
militaires, je dois repartir.
Mon thé, mon sucre, mon tabac ne feront qu'une
semaine, peut-être quinze jours. Koré les répartira
entre les villageois.

J'ai le prétexte de l'homme pressé, heureux
de les avoir revus, mal à l'aise de les laisser comme ça.
En dernière minute, j'ai proposé à Koré de me construire
une maison.
Façon de lui laisser un peu d'argent et de lui passer
une commande.
Aux dernières nouvelles, la maison est construite.
Elle m'attend. Revenir, c'est bête, c'est ce que je veux.

Je suis retourné au Tchad, au pied du Tibesti, dans le désert du Djourab pour le tournage d'*Un homme sans Occident* et continuer d'explorer mes désirs de désert en adaptant un vieux livre colonial pas comme les autres de Diego Brosset. Un tournage de trois mois en immersion totale où j'ai pu retrouver des amis du Borkou et découvrir des chasseurs Arna de Moussoro.

Je ne continuerai pas mon voyage vers les autres pays de l'Ouest africain… une autre fois… Je vais rejoindre l'Égypte et le Nil, mes préférences vont dans cette direction. J'aime revenir sur les lieux de mes voyages précédents, une fois, deux fois, c'est comme si je revenais sur les lieux d'un crime imaginaire, à la recherche d'un bonheur perdu.
Non, c'est pour mieux me confronter aux réalités d'aujourd'hui et ne pas me laisser envahir par le passé. Ce ne sont pas des rêves, c'est bien de l'Afrique que je vous parle.

Le Caire, je n'avais pas trop aimé la ville la première fois
que j'étais venu, il y a longtemps – plus de trente ans.
J'ai l'impression qu'elle n'a pas changé…
Elle s'agrandit encore.
On parle de vingt millions d'habitants,
cela donne le vertige.
Pourtant, ici, au pied de ces pyramides, à part la route
nouvelle c'est toujours le même « son et lumière ».
Mais pour moi Le Caire, c'est la visite du musée.
C'était un jour d'hiver avec du soleil, quel voyage
dans le temps !
On peut faire toutes sortes de voyages en Égypte !
La mer Rouge, le Sinaï, la haute vallée du Nil,
le désert de Siwa, Alexandrie.
On peut suivre l'itinéraire des touristes, ne pas trop voir
la misère. Regarder la lumière, apprécier la légendaire
gentillesse des Égyptiens, reprendre son avion et
promettre de revenir un jour en Égypte.
De toutes les douleurs ici présentes, une seule n'a pas
d'image. Elle est silencieuse, sournoise,
moins spectaculaire que les attentats.

Autant d'actualité que la montée de l'intégrisme, dans toute l'Afrique du Nord, c'est un des aspects les moins connus du fondamentalisme : l'excision des jeunes filles. Ici, elles sont plus de trois mille six cents par jour à être excisées. Ce n'est pas une coutume réservée à l'Égypte, les plus hautes autorités religieuses apportent leur soutien, 85 % des jeunes filles sont excisées, dans vingt-six pays africains. Seule une volonté politique et législative, en vue de supprimer toutes discriminations à l'égard des femmes, en sensibilisant l'opinion africaine à travers l'information, l'éducation, pourra changer les mentalités. On répond qu'il faut du temps contre les traditions ancestrales, que promulguer les lois ne servirait à rien… Il s'agit pourtant de mutilations génitales… ! Malgré la loi du silence, aujourd'hui, des organisations partent en guerre contre cette pratique rétrograde et s'opposent aux chefs religieux, aux « sages-femmes ».
Il y a sans doute d'autres souffrances dans ce pays millénaire, mais gardons celle-ci en mémoire.

شارع الميناء الشرقية
RUE EL MINA EL SHARKIA

Alexandrie. Je suis heureux, ou plutôt soulagé, d'avoir quitté Le Caire, ville électrique, grouillante, prenante, mais soûlante ! Personne ne vient à Alexandrie. Pourtant il n'y a que deux cents kilomètres de désert entre les deux villes et quel contraste ! L'Orient et l'Europe face à face. Une oasis au milieu du désert envahie par la foule, contre un port de la Méditerranée. Officiellement il n'y a rien à voir à Alexandrie, comparé aux trésors du Sud… Et pourtant, j'aime me promener dans cette ville, déguster une pâtisserie *Aux délices* ou *Chez Pastroudis*. En fin de journée, boire un thé dans ces petits casinos qui surplombent la mer, au milieu des couples d'amoureux, pas toujours légitimes. Dormir au dernier étage de l'hôtel *Leroy* ou au *Windsor*, à côté du fameux *Cecil Hotel* des romans de Lawrence Durrell. Ils étaient des palaces au temps de la splendeur de la ville, ils ont gardé un certain charme que j'apprécie beaucoup… mais aujourd'hui, il ne faut pas être trop regardant sur le confort…
Il y a toujours le *Café brésilien* dans les petites rues du centre, où l'on entend encore des chansons françaises sur un vieux poste de radio,
le tram dans les rues, de beaux cinémas, de nombreuses boutiques.
Ici, vous n'êtes plus touristes ! Vous êtes des voyageurs, le port est là, on peut attendre un bateau pour Le Pirée, Venise ou même Beyrouth, partir dans le désert pour l'oasis de Siwa à plusieurs jours de route, la palmeraie est ouverte depuis dix ans seulement.
C'est là qu'Alexandre le Grand avait rencontré l'oracle, pour être sûr d'être le fils de Dieu.

Je suis resté cinq mois en tout pour faire ces images,
j'ai usé une paire de chaussures, je ne veux pas vous
parler des oublis et des regrets, ils sont nombreux.
Je me suis perdu en route:
c'était si tentant.
Quelque part dans un grenier, il y a une guerba
du Tibesti, des bidons et des cantines en plastique,
des cartes au 200 millièmes. Tout est prêt pour repartir,
clandestinement comme pendant l'affaire Claustre,
c'est d'ici que je partais malgré l'agacement du pouvoir.
Aujourd'hui, l'Algérie est fermée, il reste la Libye
et la Mauritanie.
Toujours cette envie de repartir. Est-ce une fuite?
Je ne le pense pas.
Cela peut vous paraître paradoxal,
mais je suis plutôt casanier.
J'emporte avec moi, à chaque voyage,
un bout de cette cour.
Comme ça, j'ai toujours l'impression de rester en enfance.
J'ai envie pour terminer de citer Michel Leiris, dans
L'Afrique fantôme, lui qui disait qu'il aurait beau faire,
il ne serait jamais un aventurier: «J'ai l'esprit net,
la poitrine calme. Il ne me reste rien à faire, sinon clore
ce carnet, éteindre la lumière, m'allonger, dormir,
faire des rêves.»
Merci.

DU MÊME AUTEUR

Jeux olympiques de Mexico
(en collaboration avec Yves Nouchi)
Solar, 1968

Chili
(en collaboration avec Chas Gerresten et David Burnett)
Robert Capa Gold Medal, 1974

Tchad
Gamma, 1977

Gilles Caron reporter
Le Chêne, 1977

Notes
Arfuyen, 1979
réédition avec La Solitude heureuse du voyageur
«Points», n° P1558

Correspondance new-yorkaise
Libération/Éditions de l'Étoile 1981

Le Désert américain
Éditions de l'Étoile, 1983

San Clemente
Centre national de la photographie, 1984

Les Fiancées de Saigon
Les Cahiers du Cinéma, 1986

Hivers
Arfuyen, 1987

Vues
Le Monde, 1988

La Pointe du Raz
Marval, 1991

Depardon Cinéma
(en collaboration avec Frédéric Sabouraud)
Les Cahiers du Cinéma, 1993

La Colline des Anges
Retour au Vietnam (1972-1992)
(en collaboration avec Jean-Claude Guillebaud)
Seuil, 1993
et «Points», n° P1557

La Ferme du Garet
Carré, 1995
Actes Sud, 1997 et 2003

La Porte des larmes
Retour vers l'Abyssinie
(en collaboration avec Jean-Claude Guillebaud)
Seuil, 1996
et «Points», n° P1997

En Afrique
Seuil, 1996

100 photos pour défendre la liberté de la presse
Reporters sans frontières, 1997

Depardon Voyages
Hazan, 1998

La Solitude heureuse du voyageur
Musées de Marseille, 1998
et réédition précédée de Notes,
«Points», n° P1558

Silence rompu
La Joie de Lire, Genève 1998

Raymond Depardon
(texte de Michel Guerrin)
CNP Nathan, «Photo-poche», n° 81, 1999 et Actes Sud, 2006

Rêves de désert
(en collaboration avec Titouan Lamazou)
Fondation Cartier pour l'art contemporain, 2000

Détours
Maison européenne
de la Photographie, 2000

À tombeau ouvert
(collectif, dirigé par
Josée Landrieu, photographies
Raymond Depardon)
Autrement, 2000

Corse
(en collaboration
avec Jean-Noël Pancrazi)
Seuil, 2000
et «Points», n° P1209

Errance
Seuil, 2000
et «Points», n° P1099

Visa V.
Littoral/Piétinements, parcours
La pointe du Raz
Filigranes éditions, 2002

Désert, un homme sans l'Occident
Seuil, 2003

Paroles prisonnières
Seuil, 2004

J.O.
Seuil, 2004

Paris, journal
Hazan, 2004

Images politiques
La Fabrique, 2004

7 x 3, une exposition de films
Fondation Cartier
pour l'art contemporain
Actes Sud, 2004

Afriques
Hazan, 2005

Photographies de personnalités politiques
(en collaboration
avec Jean Lacouture)
Seuil, 2006
et «Points», n° P1649

Depardon – New York
(en collaboration avec Alain Bergala)
Cahiers du Cinéma, 2006

Raymond Depardon
(introduction de Michel Guerrin)
Actes Sud, 2006

Villes, Cities, Städte
Steidl Publishing et Actes Sud 2007

Le Désert américain
(en collaboration avec Serge Toubiana)
Hazan, 2007

Point de vue
(en collaboration
avec Christian Caujolle)
Éditions de l'Aube, 2007

1968
Une année autour du monde
Points, n° P1865, 2008

La Terre des paysans
Seuil, 2008

Le Tour du monde en 14 jours
7 escales, 1 visa
Points, n° P2012, 2008

Donner la parole
Hear them speak
Steidl/Fondation Cartier
pour l'art contemporain, 2008

Manhattan out
(en collaboration avec Paul Virilio)
Steidl, 2008

Paysans
Points, n° P2275, 2009

Remerciements :

À toutes les personnes qui m'ont aidé à réaliser ce projet
et plus particulièrement à
Annick et Gilles Bienvenu, au Tchad
Annie Blaise, à Paris
Pierre Bry, au Tchad
Paul Charitat, en Angola
Pascal Chelet, en Afrique du Sud
Nathalie Duhamel, à Paris
François Dumaine, à Paris
Odile Hardy, à Paris
Pierre Honorat, en Angola
Michel Kreher, au Tchad
Yves de La Croix, au Niger
Isabelle Le Normand, au Soudan
Georges Lory, en Afrique du Sud
Patrick Milion, à Djibouti
Carole Peignot, au Rwanda
Jean-Fabrice Pietri, en Somalie
Colombe Pringle, en Afrique du Sud
Dominique Raffray, au Soudan
Jacques Trouillet, en Éthiopie

Direction éditoriale : Louis Gardel et Emmanuelle Vial
Direction artistique : Valérie Gautier
Suivi de Fabrication : Sandra Kergraisse

Photogravure : Les artisans du Regard, Paris
Achevé d'imprimer sur les presses
de Mame Imprimeurs à Tours
Dépôt légal : mars 2010. N° 102261 (09122176)
Imprimé en France